Yo APUESTO a mí

Transforma tu vida y consigue todo lo que te propongas

Escrito por **Darilyn Aquino Serrano**

www.DarilynAquino.com

Licencia de uso de este libro:

DEDICATORIA

De: ____

Para: ____

Al leer este libro pensé en ti.
Te regalo una transformación.

CONTENIDO

AGRADECIMIENTOS

A las dos personas que invirtieron en mí y apostaron por una inversión a largo plazo conmigo, mis padres, Máximo y Teresa.

Gracias al esfuerzo de los dos, vuestra inversión está dando frutos dejando un legado para las siguientes generaciones.

Los amo.

#YOAPUESTOAMI

Te encuentras en tu vida estancado, sin rumbo o envuelto en una monotonía?

Los miedos te invaden, no sabes cuál es el siguiente paso que debes de dar y te sientes como una oveja más dentro de un rebaño?

Quieres transformar tu vida pero no sabes cómo dar el primer paso?

Sabes que naciste para hacer algo significativo con tu vida y dejar un legado?

Tus seres queridos no te entienden, definen y te exigen que sigas el camino que ellos dictan, pero tú crees que hay algo más grande destinado para ti?

Llevas tiempo intentando cumplir una meta personal o profesional pero no encuentras la forma de hacerla una realidad?

No te preocupes, si respondiste que sí a una o varias de estas preguntas no estás solo, a mí también me sucedió.

Sé que ahí fuera, personas como tú y como yo se sienten así, y esa es la razón principal de este libro.

No te daré una respuesta correcta 100% acertada para tu caso, pero si te diré los 40 principios que personas exitosas, es decir, personas que logran todo que se proponen en su vida y en su trabajo implementan constantemente y que a mí también me han funcionado, para que puedas ponerlo en marcha de una forma inmediata a tu circunstancia particular.

Las personas exitosas, seguras de sí mismas y que consiguen todo lo que se proponen no dejan su vida a la suerte o a lo que les depara el destino. Estas personas construyen su vida de una forma consciente y trabajan en ello diariamente.

Y qué pasa si eres de los que son exitosos, pero no son felices? ¡Detente! Este libro también es para ti.

No te voy a dar la llave de la felicidad para todo, pero si te voy a guia en cómo puedes encontrar la felicidad en tu día a día, en tu vida y en t profesión.

Quiero que quede constancia de que a partir de este momento, formar parte de tu vida para siempre. ¡Y no, no me voy a casar contigo!

Pero, si quiero proporcionarte las claves con las que descubrirás que e esta vida viniste a hacer grandes cosas, que aunque creas que ahora es tás mal, todo pasa y sucede por una razón y que ha llegado el moment de crecer y evolucionar.

La vida es una travesía que tienes que andar en ella, sí o sí. ¿Y por qué no hacerlo de la mejor manera posible?

Yo Apuesto A Mi, te llevará al siguiente nivel, a encontrar las respuesta dentro de ti, la grandeza en tu día a día y la esperanza que creías perdida

No existen patrones fijos predeterminados que si los sigues te asegura la plenitud en tu vida o en tu trabajo.

Pero si creo, y firmemente hago hincapié, en que dentro de ti está l respuesta a tu felicidad, que todo lo que dicen los demás, los expertos los "gurús", son reglas generales que pueden funcionar o no en tu caso pero al final del día la solución a tus interrogantes siempre las tendrá dentro de ti.

Sal de la manada, no seas uno más del rebaño y diseña tu propio camino Esa es la principal intención de este libro.

Ahora quiero hacerte una petición sencilla pero que es un primer paso que daremos juntos.

Quiero que leas en voz alta el siguiente manifiesto y hagas un compromiso contigo mismo:

ɔ ______________________ (tu nombre completo):

— Diseño mi propio destino.

— Creo mi propia suerte.

— Tomo acciones constantes, masivas e imperfectas.

— Sobresalgo siendo auténtico.

— Soy persistente y perseverante.

— Cambio el mundo, dejando un legado mientras construyo mi imperio.

orque #YOAPUESTOAMI

i quieres hacerlo público mejor, así todos verán que vas en serio y que as tomado las riendas de tu vida y será un placer para mí ser testigo de lo.

tiquétame en instagram a *@darilynaquino* con el hashtag *#yoapuestoami* sube una foto o video tuyo con este libro.

a llegado tu momento, el momento de hacerlo en grande.

orque Yo Apuesto A Ti.

ARILYN AQUINO

Tengo miedo

Mi hijo Olivier Máximo sudaba sin parar, incluso si se quedaba tranquilo el sudor se apoderaba de su frente, de sus brazos, de sus piernas y me dijo con voz suave "Mamá vamos a la piscina", con sus ojitos brillosos a los que no pude resistirme. Al mismo tiempo que yo también sudaba y me sentía desfallecer en aquel calor infernal de aquella tarde de verano en el mes de julio del 2017.

Doy seis pasos, bajo los tres escalones de la piscina, siento el agua fría como va subiendo de mis pies a mis caderas hasta llegar a mis hombros. Y le digo: ¿Olivier vienes conmigo?, no bien había terminado de decirle estas tres palabras cuando con 2 añitos, sin saber nadar, ni haberlo intentado nunca anteriormente, abrió sus brazos y se lanzó a la piscina.

Me quedé sorprendida ya que no lo pensó dos veces, se lanzó con seguridad sin miedo alguno, a pesar de que nunca antes había nadado.

No era la primera vez que me percataba de que los niños no tienen miedo. Si te fijas, se caen, tropiezan, juegan, se hacen moretones y siguen, no se detienen.

Entonces, ¿Por qué cuando somos adultos no seguimos así? ¿Por qué si nos caemos una vez ya nos da miedo caernos una segunda vez y nos cuesta tanto levantarnos?

Las personas que consiguen lo que se proponen (la mayoría le llaman "personas exitosas"), tienen miedos también. Pero, ¿qué es lo que hacen esas personas con esos miedos?

Lo utilizan como motor, como impulsor de esas metas, de esos objetivos que se plantean.

Aunque pienses que es sencillo, no lo es.

Yo tenía un miedo terrible a hacer videos para mi blog y redes sociales, me comía la cabeza pensando en el qué dirán, cómo lo haré, para qué servirán...en fin. ¿Y qué hice yo? Tomé esos miedos los utilicé como impulsor y grabé mi primer video.

Te confieso, me temblaba todo, la voz apenas se escuchaba y esta ba pálida como un papel. Sin embargo, mientras los grababa per saba en las personas que ayudaría con mi mensaje, las vidas qu transformaría, incluyendo la mía si consolidaba mi marca person con los videos, y pensando en ese MOTIVO, en ese porqué, utilic el miedo a mi favor.

A continuación te toca tomar acción aunque apenas comenzamo el libro, pero es momento de aplicar esta lección a tu situación pa ticular. Escribe cuáles son los 3 principales miedos que te impide ir al siguiente nivel en tu vida personal y profesional:

____

____

____

No tengas miedo a caer, porque
lo harás, es parte del proceso.
Ten miedo a no levantarte y quedarte
paralizado cuando te caigas.

#yoapuestoami
@darilynaquino

A las personas exitosas les da miedo, pánico en verdad, ver cóm
sería su futuro si no hacen eso que tanto miedo les da.

Hay otros que sin embargo se conforman con lo que tienen y s
sientan a esperar a que todo cambie por intervención divina o p
algún golpe de suerte.

Pero, si tú has llegado aquí es porque no eres de ese grupo y está
decidido a tomar acción. Y me alegro por ti. ¡Eres de los míos!

Ahora ha llegado el momento de tomar acción y dominar al mied
para que no sea un impedimento para hacer realidad tus meta
personales o profesionales.

Ahora te preguntarás ¿por dónde comienzo?

El primer punto radica en REPLANTEARTE EL MIEDO.

Replantearte el miedo te permite utilizarlo como motor y motivart
a través del miedo.

Cuando te das crédito por intentar algo que te da miedo - mientra
que otros toman caminos más seguros - no te quedas atascad
También desarrollas la fortaleza necesaria para asumir mayore
desafíos.

Si tienes miedo de dar el primer paso hacia esa meta personal
profesional hazte las siguientes preguntas:

» ¿Por qué no doy el paso?

____

____

» ¿Cuál es el impedimento principal?

____

____

Respira profundamente y visualízate con la meta lograda, celebrando esa victoria con tus seres queridos, con tu círculo íntimo. Describe cómo te sientes. Visualízalo de la forma más real posible.

____

____

____

____

____

Imagina lo peor (y suéltalo)

Imagínate lo peor que podría suceder en la situación anterior, imagina qué sucede si fracasas en el intento y luego suéltalo.

Una vez que consideres los peores resultados que podrías conseguir, podrás dejarlo ir y comenzar a crear desde cero sin miedo. Enfocándote a partir de ese momento en la visualización de la meta conseguida.

Si no tienes miedo, no estás tomando grandes riesgos. Y esto es totalmente cierto, tanto para metas personales como profesionales. Esta simple técnica te mantendrá relajado en situaciones que normalmente otros tendrían miedo y ya verás como las personas a tu alrededor se extrañaran de tu nuevo estado.

“

Si no tienes miedo, no estás tomando grandes riesgos.

#yoapuestoami
@darilynaquino

2 Tu visión

¿Estás frustrado con tu vida? ¿De verdad sabes lo que quieres? Muchos dicen que no alcanzan sus sueños, pero la verdad es que no son específicos y no tienen una visión definida de lo que quieren alcanzar.

No es lo mismo pensar en que quiero ser rico, a decir que quieres generar unos ingresos anuales de 6 cifras.

Tienes que ser específico y claro en cuanto a tu visión y ponerle una fecha límite.

Es necesario que seas escrupulosamente específico en la descripción de tu visión y en la fijación de plazos.

Después escribe cuáles son las excusas que te planteas cuando te visualizas alcanzando ese objetivo y las acciones que vas a tomar para derribar esas excusas.

Tu Visión (*con fecha*)	**Tus Excusas**	**Tu Plan de Acción**

Pero por favor sé consciente de que para lograr esa visión debe
agitar tu presente, causar pequeñas revoluciones.

La visión sin acción no es nada.

Esa visión debe ir de la mano del sí yo puedo con acciones cons
tantes.

Así que debes decir adiós a la pereza y a procrastinar, y dar la bien
venida a la concreción y las acciones diarias.

Tu visión inicial durante el camino puede variar, no te preocupes
los cambios están permitidos, pero debes estudiarlo y mantener e
compromiso con la visión inicial.

Ahora te toca tomar acción:

En las próximas 4 semanas, haz una cosa al día, toma una acció
que te acerque un paso más, aunque sea pequeño a tu visión. Est
te va a servir para condicionar tu mente y fortalecerla, ya que a
cumplir esas mini metas diarias, tu mente verá esa visión final com
algo alcanzable, se programará para avanzar al siguiente nivel
verás que no es difícil conseguir lo que te has propuesto.

"

El éxito reside en mantenerte fiel al compromiso de tu visión inicial.

#yoapuestoami
@darilynaquino

3 ¿Cómo quieres que te recuerden cuando mueras?

Te voy a hacer una pregunta directa y que da respeto. ¿Alguna ve has pensado cómo te recordaran cuando te vayas de este mundo

No pienses que para dejar un buen legado en este mundo tiene que hacer obras de caridad o ser un filántropo todo el día, no, n es así.

Con tus acciones diarias, con tu forma de ser con los demás, con t negocio, en tu trabajo, en tu hogar, con tus seres queridos, en tu dí a día, puedes dejar un legado que mejore el mundo.

Tú contagias a los demás con tu energía, con tu vitalidad, con t optimismo, con tu simpatía, así como también con tu tristeza, co tu pesimismo y negatividad.

A partir de ahora quiero que seas consciente de la energía que irra dias, de los pasos que das, de las decisiones que tomas, ya qu ellas hablan por ti y dejan tu legado.

Las personas exitosas son conscientes de que en su día a día forja su legado, de que no es cuestión de un acto en concreto o del aza

Si te fijas en las biografías de las personas exitosas que han fallec do, verás un sin número de comentarios en su mayoría positivo d lo que dicen los que trabajaban con ellos, de su familia, de lo qu sus negocios, inventos o trabajos mejoraron el mundo.

El mundo no lo puedes cambiar, pero si puedes mejorarlo. Tú lega do consiste en ello, hacer del mundo mejor en tu día a día.

Ahora escribe sinceramente:

¿Cómo quieres que te recuerden cuando mueras?

____

____

¿Cuál quieres que sea tu legado?

____

____

"

El mundo no lo puedes cambiar, pero sí puedes mejorarlo.

#yoapuestoami
@darilynaquino

4 Sin esto no hay resultados

6:45 de la mañana, suena la alarma del despertador, abro los ojos, respiro profundo, doy gracias a Dios por un nuevo día y me levanto de la cama. Voy al baño a asearme, directo a la cocina por un café caliente y a hacer lo que me repone diariamente de energía: meditar o llámalo como entiendas, dedicarte tiempo para ti mismo, estar en contacto con Dios, con lo divino, en fin, el tiempo de agradecer, de poner tu día en perspectiva, en manos del altísimo, plantearme 2 o 3 objetivos específicos para ese día que me acerquen a mis metas y de confiar, dejando que fluya, después me voy al gym.

Así comienza mi día, desde hace unos 3 años, y esos sencillos hábitos han cambiado radicalmente los resultados que obtengo en mi vida personal y profesional.

Muchos pensarán que lo más importante para dar los primeros pasos es tener la motivación.

La motivación es importante pero no te llevará al siguiente nivel ya que la motivación puede ser momentánea, te puedes sentir por momentos, horas, incluso días motivado, pero cuando llegan los tiempos difíciles la motivación desaparece. Y es ahí cuando entra en escena el factor radical para obtener resultados, los hábitos.

Tus hábitos diarios son un factor esencial para determinar si obtendrás o no resultados concretos. Y esto no lo digo sólo yo, también lo dicen expertos como Tom Corley, autor del libro: "Hábitos de Ricos: Los Hábitos Diarios De Las Personas Exitosas[1]".

Corley dice que "Son dos o tres hábitos los que separan a la gente rica de aquellas que no lo son".

También dice "Existe una causa y efecto asociada con los hábitos. Los hábitos son la causa de la abundancia, pobreza, felicidad, tristeza, estrés, buenas relaciones, malas relaciones, buena salud y mala salud".

1 Tom Corley. Rich Habits: The Daily Success Habits Of Wealthy Individuals.

Lo bueno de todo esto es que los hábitos pueden ser modificado Puedes cambiar tus hábitos si te lo propones.

Corley dice: "Aquí algunos de los hábitos de personas que s hicieron ricas por sí mismas que tú puedes comenzar a desarroll hoy:

1. Leer consistentemente
2. Hacer Ejercicio
3. Pasar tiempo con personas exitosas.
4. Establecer metas y perseguirlas.
5. Levantarte temprano.
6. Tener varias entradas de ingresos.
7. Tener un mentor.
8. Ser positivo.
9. No seguir a la multitud.
10. Ser educados.
11. Ayudar a otros a ser exitosos también.
12. Dedicar entre 15-30 minutos al día a pensar, visualizar, tiemp para sí mismo.
13. Evitar malgastar tu tiempo.
14. Escribir una lista de pendientes y ejecutar acciones.

¿Cuáles de estos hábitos no estás llevando a cabo de forma diari en tu vida?

____

Escribe ahora los hábitos que hasta hoy ejecutas en tu día a día, al lado de estos, escribe los nuevos hábitos que vas a implementa

Hábitos A Día De Hoy	Nuevos Hábitos A Implementar

Recuerda que debes estar dispuesto a comprometerte, a establecer hábitos que lleven tu vida al siguiente nivel.

"

El Éxito es la suma de pequeños hábitos repetidos día tras día.

#yoapuestoami
@darilynaquino

Conviértelo en tu pasión

Hasta ahora te he hablado de objetivos y metas por cumplir, pero no quiero que te confundas, ya que un objetivo, una meta se la puede plantear cualquiera.

Plantearte un objetivo es una evidencia de que eres humano y estás vivo. Pero lo que de verdad te llevará al siguiente nivel en tu vida es convertir ese objetivo en una pasión.

Por ejemplo tu objetivo puede ser hacer deporte y que tu pasión sea ser el campeón.

A una pasión se le transmite energía, alma y obsesión. A un objetivo se le transfiere un horario, conocimientos y habilidades.

En momentos difíciles la pasión te sustenta, te acompaña desde que te levantas hasta que te duermes. La pasión va de la mano del inconformismo.

Inconfórmate con lo que eres para ser más, con lo que sabes para aumentar tus conocimientos, con el nivel en el que estás ahora para alcanzar el siguiente nivel y conviértelo en tu pasión.

La pasión es la semilla del cambio. Sólo aquello que te apasiona, te dará una felicidad real en tu día a día.

Cuando trabajas en lo que te apasiona, cuando haces lo que te apasiona, pasan las horas y puedes continuar haciéndolo sin horarios ni ataduras.

Tener pasión requiere voluntad. El ser humano tiene una predisposición hacia plantearse metas, pero no todos los seres humanos tenemos pasión por ello.

Es por eso que la pasión tiene un coste: abandonar la zona de confort.

Cada día te retas a nuevos proyectos, reflejas una imagen podero
sa y eliges ir por un camino que no han elegido los demás, saliend
de tu zona de seguridad.

Es lo que tiene la pasión, por eso te recomiendo si deseas triunf
en algo conviértelo en tu pasión.

Ahora te toca tomar acción, escribe a continuación 2 cosas que
apasionan hacer, 2 cosas que harías horas y horas a gusto y que
llenan.

____

____

"

Cuando hay pasión, el fracaso sabe a impulso para seguir apostando por más.

#yoapuestoami
@darilynaquino

6 Fracasa ahora

Lloraba desconsolada, había puesto horas y horas de esfuerzo, pa
ciencia, tiempo y dinero. Pensaba que iba a ser la bomba, y lo fue

Cuando lancé mi primer negocio online Daqs Group, resultó ser
proyecto con el que comencé mi camino de emprendedora onlin
La ilusión que invertí en ese proyecto es parecida a la ilusión d
cuando decidimos quedarnos embarazados. Así que ya te puede
imaginar cómo me sentí al ver y ser testigo viviente de su fracaso

A pesar de ello, ha sido mi mejor escuela en cuanto a temas d
emprendimiento y de vida en general. Ya que aprendí que tod
aquel que triunfa, alguna vez ha fracasado, por lo menos, una vez

Y que cuando fracasas, debes afrontarlo, secarte las lágrimas y se
guir hacia adelante.

El fracaso es parte de la vida misma y así tienes que asumirlo. L
clave radica en tomar lo positivo y modificar el plan inicial, mante
niendo la motivación con la que comenzaste el camino.

No te obsesiones con el fracaso. Tampoco pienses que tu fracas
va a ser para siempre.

La idea es que pienses en positivo sobre el fracaso.

Lo sé, suena contraproducente, pero tienes que estar preparad
para los fallos, las caídas, los errores y tropiezos. Lanzarás proyec
tos que no funcionarán, fallarás en cosas que algunos considerara
estupideces, tomarás decisiones que no han sido acertadas, per
la clave está en perder el miedo a fracasar.

No podrías imaginar la cantidad de veces que he fallado, tropeza
do y me he vuelto a levantar más fuerte.

Pero aquí lo que importa no es la cantidad de fracasos que tú y y
hemos pasado, sino qué has aprendido de ellos y que debes se
capaz de volverte a levantar.

Nunca tengas miedo a ejecutar acciones por miedo al fracaso. Lo que debes de preguntarte es ¿Cuántas veces estoy dispuesto a fracasar?

Todo aquel que triunfa, ha fracasado alguna vez, eso te lo aseguro.

Para haber fracasado y triunfado, tanto una como en la otra, debes correr riesgos.

Los que menos se arriesgan, fracasan poco, pero son los que menos triunfan.

A continuación escribe cuáles son los 3 últimos fracasos que recuerdes recientes en tu vida, ya sea a nivel personal o profesional:

____

____

____

¿Qué aprendiste de estos fracasos?

____

____

____

"

No arriesgarse a fallar, es peor que fallar.

#yoapuestoami
@darilynaquino

7 Progreso no perfección

Lo que hace a una persona saltar de su silla y tomar acción sin dejarse llevar por el miedo es... el progreso.

No tienes que estar en la meta final para sentirte vivo, lo que tienes que hacer para lograrlo es alcanzar progresos, ir avanzando.

Algo que es frecuente en un porcentaje bastante alto de las personas exitosas es que antes de serlo tocaron fondo y llegaron a un punto en su vida donde o hacían algo o su vida iba a camino hacia una catástrofe total.

Estas personas estaban en una situación al límite, su vida iba camino a la decadencia y tomaron las acciones necesarias para girar el rumbo y lo lograron.

Ahora quiero que seas sincero y respondas la siguiente pregunta. Recuerda que debes ser lo más honesto posible.

¿Qué pasaría si lograras algo en tu vida que te proporcionara más libertad? ¿Cómo te sentirías? ¿Qué cambiaría a partir de ese momento? Responde a continuación.

____

____

____

____

No tienes que intentar que sea perfecto pero para hacer realidad lo que acabas de responder, tienes que tomar acción AHORA.

Ahora te toca tomar acción:

En las próximas 4 semanas, haz una cosa al dia para condiciona tu mente, para fortalecerla y no decaer en el camino. Lee libros que te inspiren, escucha audio libros de motivación, escucha m Podcast Yo Apuesto A Mi, sal a correr, reúnete con personas que te motiven, lee mi blog, lo que sea que hagas, hazlo conscientemente para entrar en el estado mental de que vas a conseguirlo, de que vas a lograr lo que te has propuesto.

"

La clave para avanzar hacia tu meta está en dar un paso a la vez.

#yoapuestoami
@darilynaquino

8 Houston tenemos un problema

Con tan sólo leer la palabra “problema”, de seguro se produce una sensación de rechazo en ti. Pero la realidad es que siempre los problemas aparecen y más cuando quieres hacer cambios en tu vida o te planteas nuevas metas.

La cuestión está en mentalizarte primero que nada es perfecto, que no todo saldrá tal cual lo quieres y que tienes que estar preparado porque hay una alta probabilidad de que aparecerán.

¿Qué tienes que hacer ante esta situación?

Hacer lo que hacen los japoneses. ¿Sabes que Japón es uno de los países en el mundo donde más temblores de tierra se producen? Pues los japoneses cuando construyen sus edificios, lo hacen a conciencia, tomando en cuenta siempre dichos movimientos sísmicos.

Eso es exactamente lo que tú tienes que hacer. Construir una base fuerte, a prueba de temblores y capaz de resistirlos.

Con esto no significa, que el edificio no va a sentir el temblor, porque sí lo hace. Pero los daños que sufre son insignificantes o mínimos en relación a los edificios que no estaban construidos tomando en cuenta dichos temblores.

Ahora te voy a dar una dosis más de realidad. Te toca tomar acción.

¿Cuáles son tus tres problemas principales en este momento en relación a las metas que te planteas?

1.
2.
3.

¿Cómo piensas resolver esos problemas?

___

___

___

¿Qué base puedes crear ahora para cuando lleguen futuros problemas seas más resistente a ellos?

___

___

"

Tropezar no es malo, encariñarse con la piedra sí lo es.

#yoapuestoami
@darilynaquino

Acciones masivas imperfectas

Uno de los grandes retos que he visto en mis alumnos y clientes para conseguir lo que se proponen es ejecutar acciones constantes.

Todos comienzan motivados pero muy pocos son consistentes y persistentes en tomar acciones masivas. Ya sea porque se sienten abrumados o porque dedican mucho tiempo a lo que no es prioritario, no obtienen los resultados que inicialmente deseaban.

Mi fórmula personal para obtener resultados, es ejecutar acciones masivas imperfectas diariamente.

No esperes el momento perfecto o que la oportunidad perfecta se te presente. Porque no lo hará.

Aquí se trata de todos los días dar pasos, aunque sean pasos pequeños, Que te acercarán un poco más al siguiente nivel, más cerca de esa meta que te has propuesto.

Estudia a los que han conseguido lo que tú quieres lograr y toma acción.

Comprométete con hacer todo lo que esté en tus manos para lograrlo y utiliza tus fortalezas a favor de tu causa.

Permanece fiel a tus intenciones y no te detengas. Inconfórmate y ¡actúa!

Haz cosas que nunca has hecho. La acción es algo mágico, sacude tu presente para diseñar tu futuro. Vence la pereza y emprende acciones.

Si quieres resultados diferentes debes tomar acciones diferentes, constantes y masivas.

Las acciones te desbloquean, te acercan a un objetivo y te ponen en movimiento.

Puede que no tengas claro cómo será el final del camino, pero ar
dando se hace el camino y puede que llegues a un destino qu
ahora desconoces pero que te hará crecer y evolucionar.

Olvídate del sofá, de la televisión y de las series. Nada de eso, t
ayudará a conseguir lo que te propongas.

Los dueños de netflix se harán más ricos, los actores de tus serie
favoritas se harán más famosos, mientras tú te quedas quieto y t
vida pasará delante de tus ojos.

"

Olvídate de Netflix, diseña tu destino y sé el protagonista de tu propia serie.

#yoapuestoami
@darilynaquino

10 21 Días para el cambio

Ya hablamos de los hábitos y de lo vital que son para lograr tus me
tas. Pero imponer un hábito de un día para otro es muy difícil. Po
ello, los expertos[2] recomiendan 21 días ya sea para adquirir nuevo
hábitos o incluso transformar tu vida.

Sí, se trata de tener constancia por 21 días de forma consecutiva
Estamos hablando de reprogramar tu cerebro para cosas tan sen
cillas como cambiar el chip de la pereza por levantarte tempranc
hacer deporte, o incluso adquirir nuevas habilidades.

Lo primero es darte cuenta de que estás dando un primer paso
Empieza a reprogramarte tomando la decisión de hacer un cambi
en el hábito que consideras no es beneficioso para tu calidad d
vida.

Lo segundo, observa tu estado actual y plantéate uno nuevo. Tom
la decisión de alcanzar un nuevo estado.

Y por último, no desistas, se constante y consciente. Busca dentr
de ti, de qué recursos dispones y también en el exterior para ve
con qué cuentas para apoyarte.

Puede serte útil llevar notas diarias durante esos 21 días de los pa
sos que has dado, de cómo te has sentido y de los recursos qu
has utilizado (internos o externos).

Los primeros días serán todo un reto, pero aquí se trata de cambia
hábitos, adquirir nuevos y transformar tu vida.

2 Deepak Chopra, médico, escritor y conferenciante, considerado el gurú por excelencia d
bienestar en EE UU y pionero en ofrecer estos retos que él centra en la meditación.

"

Al otro lado de tus nuevos hábitos, se encuentra todo lo que puedes imaginar o desear para ti.

#yoapuestoami
@darilynaquino

11 La suerte

Has escuchado alguna vez la frase "cada quien crea su propia suer te". Firmemente creo que es una realidad, cada uno de nosotros es tamos ahora mismo en este lugar de nuestras vidas por las decisio nes y acciones tomadas en el pasado, no por la suerte o por el aza

¿Qué entiendes es más factible para ti, comenzar ahora, dond estás, con lo que tienes y tomar acciones? o ¿jugar un boleto d lotería y dejarlo a la suerte?

Es opción tuya, pero ya te digo desde ahora que el éxito no esper a la suerte, el éxito te espera al final de la calle del trabajo inteligen te y del atrevimiento.

La buena o mala suerte que vivimos en nuestra vida diaria, es e resultado de:

Nuestros pensamientos, nuestra actitud ante la vida y nuestras conductas.

El problema es que normalmente no estamos conscientes de di chos actos o pensamientos, por lo que seguimos repitiéndolos culpando a la mala suerte.

Si piensas que en el pasado tuviste mala suerte, olvídate de es pasado. Es hora de actuar, no dejar las cosas para mañana, apren der de tus errores, pensar positivamente y ser constante en tus ac ciones y paciente en tus resultados.

"

**El éxito no espera a la suerte,
el éxito te espera al final de la calle del
trabajo inteligente y del atrevimiento.**

#yoapuestoami
@darilynaquino

12 Si nunca quieres que te critiquen

...quédate inmóvil. Así de sencillo, el que no quiera ser objeto c críticas que no haga nada, que se quede en el lugar donde está sin hacer nada con su vida o su trabajo.

Siempre habrán personas que se aburren con sus vidas y se entre tienen estando pendientes de la vida de los demás y que sentirá envidia por cada escalón que subas.

A esas personas tus avances les producen dolor y en lugar c aprender de ti, lo que hace es anularles, entristecerles y sentirs miserables con sus propias vidas.

No les prestes atención, no merecen tu tiempo ni tu esfuerzo.

Cuando quieres transformar tu vida y llevarla al siguiente nivel, ter drás que exponerte, dar un paso hacia adelante y alejarte del reba ño, emprender un camino diferente y brillar. En ese justo moment comenzarás a ser objeto de críticos, sobre todo de aquellos qu forman parte del rebaño del que te alejaste, quienes se burlará de ti, te desearan lo peor, te envidiarán y sobre todo estarán per dientes de cada paso que des, para que en el primer escalón qu caigas, estar ahí para reírse, burlarse y decirte ¡ves te lo dije!.

Te lo digo desde ahora, debes estar preparado porque te sucede

Es parte del proceso de avanzar al siguiente nivel y debes ser cons ciente y mentalmente fuerte para lidiar con los críticos.

Incluso, ya verás como formaran parte de ese grupo de crítico personas que pensabas que eran tus amigos, personas de confiar za, de tu círculo cercano y que de repente ven que tú estás mej que ellos, que avanzas más rápido que ellos y querrán menospre ciar tus logros.

Es parte de la vida y del proceso que estás llevando a cabo imple mentando los pasos de este libro.

La mejor forma de lidiar con esto es concentrarte en lo tuyo, en tu objetivo final, siempre teniendo presente el motivo, el por qué haces todo esto, y visualizándote con la meta alcanzada.

¿Quieres seguir siendo parte del rebaño o llevar tu vida al siguiente nivel? Es tu elección.

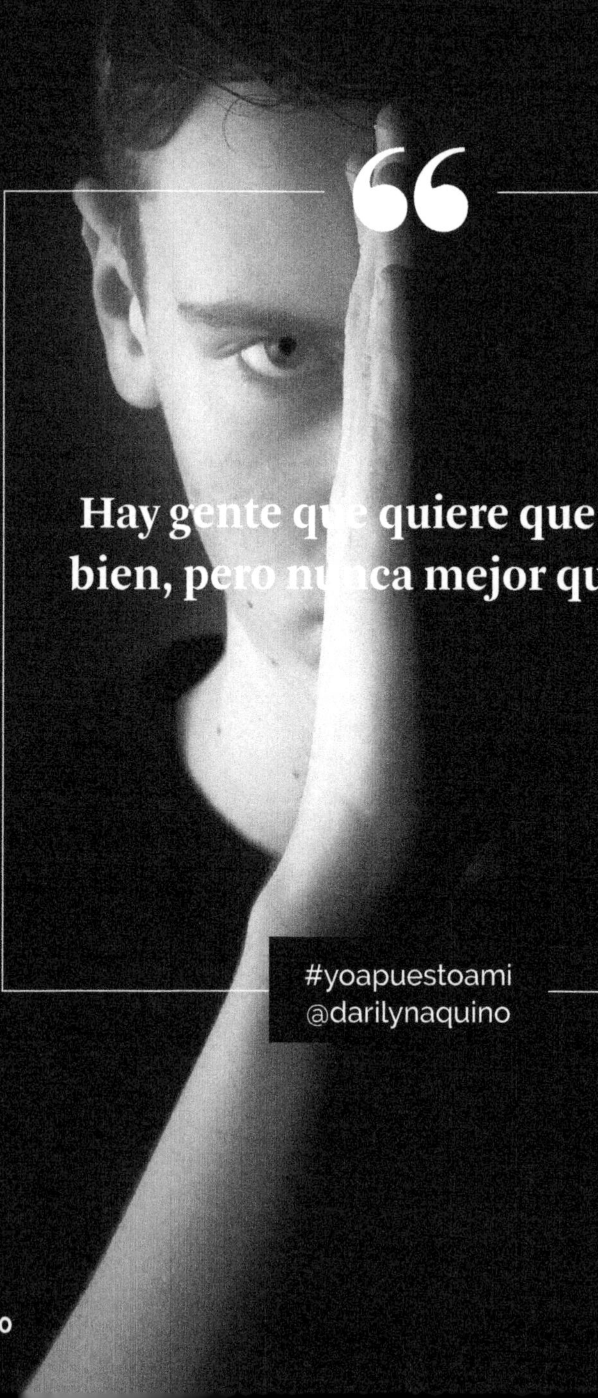

"

Hay gente que quiere que te vaya bien, pero nunca mejor que ellos.

#yoapuestoami
@darilynaquino

3 Redes sociales

Lo sé, cuando te expones te sientes vulnerables. Y para tener presencia en redes sociales tienes que exponerte ya sea con tus pensamientos, con tus opiniones o valoraciones y/o con tu imagen.

No te digo que debes hacerlo sí o sí para transformar tu vida, no es un requisito imprescindible, porque como todo en la vida las redes sociales tienen su punto negativo.

Además, tú y yo sabemos que para ser exitoso y llevar tu vida al siguiente nivel, no las necesitas sí o sí.

Sin embargo, aquí hago un paréntesis, no todo es malo. Las redes sociales pueden impulsarte, llevar tu mensaje, tu voz a lugares de todo el mundo, exponenciar tu impacto y ayudarte a transformar no sólo tu vida sino la de todos aquellos que te siguen por las redes sociales.

Puedes dar a conocer tu marca personal, tus productos, tus servicios, tus conocimientos, tu voz, tu autenticidad, tu originalidad, te puedes dar a conocer tú, tal cual eres, y aprovecharlas al máximo.

¿Cómo consigues destacar en las redes sociales? te diré como lo he conseguido yo sin tener que desnudarme o mostrar mi trasero.

1. Tienes que exponerte emocionalmente, debe existir una vinculación emocional con tu audiencia.
2. Dar mucho valor constantemente a tu público. Sé útil para tu público.
3. Fomenta la publicación con interacciones.
4. Cuenta tu historia, las historias te ayudarán a conectar más rápido.
5. Todo comunica, así que cuida los detalles.
6. Tu público no es todo el que ve tu perfil en redes sociales.

7. Posiciónate en un micronicho.
8. Deja que vean tu trabajo, tu camino y tus resultados.
9. Ignora a los haters. Olvídate de los críticos.
10. Ejecuta, mide resultados, corrige y haz más.

"

En las redes sociales unos se exponen y otros observan. Yo soy de los que se exponen para hacer que realmente algo suceda.

#yoapuestoami
@darilynaquino

14 Invierte en ti

Dicen que nunca sobra el conocimiento, pues yo lo reafirmo. Mis padres invirtieron en mí, en mi educación desde pequeña y dicha inversión se hizo con un plan de futuro, a largo plazo (el cual está dando sus frutos hoy y para las siguientes generaciones).

Desde los 8 años estoy haciendo "actividades extracurriculares" sin parar. Inglés, francés, italiano, natación, ballet, danza moderna, curso de hacer peluches (mi obra final fue un peluche con un ojo en la frente y otro en la barbilla), curso de letra gótica, mecanografía informática, en fin, hasta que entré a la universidad a los 18 años era un curso tras otro.

Pero no quise detenerme ahí y después de graduarme de Derecho y hacer un Master en Abogacía Internacional decidí invertir en mí en expandir mis conocimientos, por lo que constantemente estoy tomando formación en temas que me apasionan y que me dan grandes frutos como el marketing digital y emprendimiento.

Esa inversión que realizo en mí la hago de forma consciente y calculada, con un fin y objetivo en específico que da resultados.

Si hasta el momento no has invertido en ti, en aumentar tus conocimientos, ha llegado la hora de hacerlo. Te aseguro es la inversión con mayor retorno que podrás hacer en tu vida.

Gracias a internet hoy en día aprender, a tu ritmo, ya sea por tu cuenta o con ayuda de terceros, y ponerlo en práctica mientras aprendes es posible. Sólo es cuestión de disposición, planificar tu tiempo y ponerte a ello.

Sin embargo, soy consciente de la cantidad de personas exitosas sin titulaciones que dan trabajo a gente que sí las tienes. Pero soy partidaria de que invertir en tus conocimientos es una de las pocas inversiones que salen rentables.

Invertir en tus conocimientos expande tus posibilidades, te abre caminos desconocidos y nunca es un desperdicio.

"

Desde el momento en que naces estas aprendiendo. Aprender de forma consciente te abrirá caminos desconocidos.

#yoapuestoami
@darilynaquino

15 ¿Por qué?

Abrigada con una manta para el frio de pies a cabeza, bajo los efectos de un antigripal, habiendo pasado una fiebre y Olivier que no paraba de decir "Mamá, Mamá despierta", estuve pensando en mis tareas pendientes, en que tenía que grabar unos videos para mi blog y redes sociales, ya que me había puesto una fecha límite y debido al virus que tenía iba a ser imposible cumplirlo.

Después de pensarlo mucho, mientras daba vueltas en la cama al mismo tiempo que sacudía mi nariz y empapada de sudor por la fiebre , me pregunté: "¿Darilyn y por qué lo haces?".

Todo lo que hago, mis libros, mis videos, mi blog **www.darilynaquino.com** , mi podcast Yo Apuesto A Mi, mis cursos (El Referente Academy) y eventos tienen un motivo más grande que todo, dejar un legado.

Ese motivo que te impulsa cuando llegan esos momentos difíciles momentos en que quieres tirar la toalla y darte por vencido, es lo que te mantiene en el camino.

Cuando compraste este libro, una de las aclamaciones principales que tiene es que te guiará a transformar tu vida. Todo proceso de transformación, va de la mano de momentos difíciles, de tiempo de pensar en tirar la toalla. En esos momentos lo único que te impulsa es el motivo por el cual comenzaste todo, ese porqué es el que te sostiene, te reanima y te dice "Sí, *tú lo vas a lograr*".

Ahora quiero que en las siguientes líneas seas lo más descriptivo posible escribiendo el motivo por el cual quieres llevar tu vida al siguiente nivel ya sea en el plano personal o profesional. Ten en cuenta que lo que escribas es lo que mantendrá tus sueños vivos en tiempos difíciles que atravesarás durante tu transformación.

____

____

____

"

Cuando lleguen los tiempos difíciles, tu motivo te reanimará y te mantendrá con vida en el camino.

#yoapuestoami
@darilynaquino

16 No te llenes del pasado

Nuestro pasado, nuestras experiencias y vivencias son un equipaje que llevamos en el camino pero que sólo deben de servirno como referencia para continuar.

Si el pasado ha sido malo, es momento de soltar y olvidar. La transformación que harás no acepta exceso de equipaje. Pero si por e contrario el pasado ha sido bueno, utilízalo como semilla, para evolucionar y ampliar tus horizontes.

Para avanzar al siguiente nivel es necesario anclar la mirada en t meta final, no en el pasado.

De seguro ves como muchos se quedan estancados en lo que vi vieron y no volverá a ser, sin fijar sus ojos al futuro y recordand historias que no les permiten avanzar. Personas que viven de lo qu fueron, con un presente monótono y un futuro sin visión, estancados en el pasado.

No formes parte de ese grupo. Tu pasado forma parte de ti, pero n debe estancarte o condicionarte, ni mucho menos ser un exces de equipaje con el que debas cargar.

El enemigo de la vida es el desaprovechamiento del present Toma el timón del hoy y dirígelo hacia el futuro que quieres.

"

El enemigo de la vida es el desaprovechamiento del presente.

#yoapuestoami
@darilynaquino

17 Cree en ti

Los miedos y las dudas te invaden constantemente. Es tu pan d
día a día, te dan miedo los cambios, seguir un camino hasta el mo
mento desconocido para ti. No te preocupes, es normal, los cam
bios dan miedo, es parte del proceso.

Para transformar tu vida, conseguir lo que quieres, debes de cre
en ti, sin lugar a dudas.

Utiliza ese miedo a tu favor, y las dudas que te surjan ya sea porqu
otros te las inculcan o por tus creencias limitantes deben de se
eliminadas.

En el camino al éxito debes de creer en ti, creer en que es posibl
para ti también.

Una táctica que yo personalmente utilizo para mantener la creen
cia de que es posible para mí también todo lo que me propongo e
leer, ver o escuchar historias de personas que han conseguido l
que yo me he propuesto.

Por ejemplo, entras a youtube y ves las historias de emprendedo
res exitosos o charlas de expertos en el tema.

También tienes la opción de meditar, orar, rezar o como le quiera
llamar al tiempo de introspección, tiempo de silencio y tranquilida
solo para ti, donde agradeces por lo que ya tienes, te visualizas co
lo que quieras ya obtenido y lo sueltas y pones en manos de alg
más grande que tú. Al mismo tiempo que comienzas a implemen
tar acciones masivas imperfectas.

Puedes realizar ambas opciones, lo que intentamos es mantene
la creencia en ti y de que todo lo que te has propuesto es posibl
para ti también.

"

Lo que es posible para otros, es posible para mí también.

#yoapuestoami
@darilynaquino

18 Inconfórmate

¿Aún no te has detenido a pensar por qué no has logrado esas metas que llevan tiempo en tu lista de pendientes?

La respuesta a esta pregunta se encuentra en tu forma de pensa todo está en tu mente. Debes reprogramarla y pensar en positiv sobre tus miedos, sobre el fracaso y convertirte en un inconformista.

¿Y qué es un inconformista?

- » Es quien usa el miedo a su favor.
- » Tiene iniciativa.
- » Sabe que llegará el momento en que caerá pero será capaz d levantarse.
- » Está consciente que será objeto de críticas pero sigue adelant
- » Piensa en positivo.
- » Es ambicioso.
- » Constantemente está ejecutando acciones masivas imperfectas, que paso a paso les acerca a su objetivo.

Sé consciente de que tu mente es la que diseña tu destino, así d sencillo, reprográmala para ver el lado bueno de las cosas, a pesa de los días difíciles, prográmala para usar el miedo como impulsc de tus metas, prográmala para inconformarse y dar pasos inteligentes pero masivos. Inconfórmate con lo que eres, porque nacist para ser más.

Ahora quiero que escribas cuál de las cualidades que te he mencionado en este principio consideras que posees y en cuales vas trabajar conscientemente a partir de ahora mismo:

____

____

____

"

Inconfórmate con lo que eres, porque naciste para ser más.

#yoapuestoami
@darilynaquino

19 Quémate las pestañas

Si estás leyendo este libro, es porque eres consciente de que alg
en tu vida tienes que transformar y con este libro has dado el pr
mer paso y de alguna forma, consciente o inconscientemente sa
bes que el conocimiento es una herramienta que te puede ayuda
al cambio.

Leer, adquirir nuevos conocimientos, es uno de mis secretos d
mi éxito (ahora ya no es secreto). Soy devoradora de libros, me er
canta leer libros que profundizan los temas que me apasionan, a
como los temas que me dan curiosidad.

Si quieres conocer nuevos mundos, sin tener que tomar un avió
¡quémate las pestañas!, si quieres adquirir nuevos conocimiento
para llevar a cabo ese proyecto que tanto anhelas ¡quémate la
pestañas!. Así de sencillo.

Gracias al internet, es más fácil y asequible leer libros de la temát
ca, autor o idioma que quieras.

Ahora quiero que escribas de qué temática quieres leer y que er
tiendas que los conocimientos que adquieras con dicha lectura d
alguna forma serán una herramienta para tu camino:

____

____

____

Una vez definido los temas que quieres aprender, entra en inte
net búscalos en google y comienza a devorar artículos de blog
e-books gratuitos, cursos, etc... es hora de quemarte las pestaña
para avanzar al siguiente nivel.

"

El conocimiento nunca está de más, siempre suma y aporta.

#yoapuestoami
@darilynaquino

20 ¿Por qué los ricos consiguen lo que se proponen?

¿Cuál es la diferencia entre alguien que toma acciones y alguie
que no? La Certeza.

Cuando tienes la certeza de que si haces algo y hacer eso te trae
resultados vas y lo haces, ¿verdad?

La indecisión o la falta de certeza es lo que mata el éxito de la
personas y esa indecisión es lo que tienes que eliminar en tu vic
desde ya. Te doy el permiso, si es lo que estás esperando, para el
minar las dudas e indecisiones de tu vida ahora mismo.

Si lo consideras una prioridad, un deber, de seguro encontrarás
manera de que funcione. Si no es una obligación para ti, no pasará
a la acción.

Lo que hace a los ricos ser más ricos y a los pobres ser más pobre
es la mentalidad. Así como lo lees. Pero no es tan sencillo.

Ya que las personas exitosas trabajan y programan su mentalida
constantemente. Antes de lograr algo, modifican su mentalidad y
asocian con la certeza de que lo conseguirán.

De tal manera que lo visualizan muy claro primero en su mente
después lo ponen en práctica.

Y esto funciona así: Las personas exitosas saben que las accione
que toman les darán resultados.

Estas personas saben el potencial que tienen sin importar lo qu
los demás digan y eso afecta la cantidad de acciones que toma
lo que les traerá resultados y consecuentemente esos resultado
refuerzan esas creencias de que es posible conseguirlo.

Si crees que no tienes potencial, ¿cuantas acciones tomaras? nir
guna, cero.

Y cuando tienes cero potencial y no tomas acciones ¿qué resultados tendrás? ninguno. Y ¿qué causará esto en tus creencias? que decaigas y que el miedo reine en tu mente, que se reafirme esa falta de fe en ti y en tus objetivos.

Pero y ¿qué pasaría si sucediera algo que te llenara de certeza, no de que tu creas, sino de que tuvieras seguridad absoluta de que eso funcionará, de que encontrarás la manera de que resulte?

Respóndelo a continuación:

____

____

____

Cuando esto sucede tomas acciones constantes y masivas y esto a su vez trae grandes resultados y cuando obtienes grandes resultados tu cerebro te dice...VES COMO YO TENGO RAZON, TE LO DIJE QUE LO PODÍAS HACER.

Y una vez que lo consigues, eres más fuerte, tomas más acciones y obtienes mayores resultados.

Aquí radica el secreto por el cual los ricos se hacen más ricos y los pobres se convierten más pobres.

En resumen, obtienes resultados en tu mente que te hacen creer que ya lo has logrado, lo que te lleva a tomar acciones masivas, constantes e imperfectas y harán que conviertas en una realidad eso que te has propuesto.

"

Las personas exitosas trabajan y programan su mentalidad constantemente. Antes de lograr un objetivo, modifican su mentalidad y lo asocian con la certeza de que lo conseguirán.

#yoapuestoami
@darilynaquino

21 ¿Y quién soy yo para creer que puedo lograrlo?

¿Y quién soy yo para creer que puedo lograrlo? ... ¡Mi situación actual no me permite cumplir lo que quiero! ... ¡Nadie me apoya! .... ¡Mi círculo cercano cree que estoy loco por intentarlo! .... ¡No tengo los recursos para hacerlo! .... ¡Tengo Miedo! .... En fin, así puedo seguir y seguir, y enumerarte todas las excusas que nos ponemos antes de lanzarnos hacia la meta, antes de tomar acciones, antes de realizar cambios.

Eres una persona normal con sueños extraordinarios, pues si, podrías decirlo así, pero no es así, eres una persona con sueños realizables por cumplir, y que con determinación, perseverancia y acción masiva puedes lograr.

Esto no es un cliché, ni una utopía, es tan real como la vida misma. ¿Crees que no estoy en lo cierto? Ok, te reto, quiero que ahora mismo te detengas de leer y busques en google "personas exitosas", para que veas los cientos, miles de casos que aparecen.

Y después de ver estos casos, responde a las siguientes preguntas:

¿Crees que esas personas eran muy diferentes a ti antes de "ser exitosos"?

___

¿Crees que no tenían miedos, dudas, inseguridades?

___

¿Crees que habían personas que no les apoyaban?

___

¿Crees que muchos le llamaban loco por sus ideas?

___

¿Crees que todos nacieron ricos y famosos?

___

¡Lo ves!, ahora te sientes mejor, lo sé, porque te has dado cuent y ves que es posible para ti también. ¡Y lo es, que no te quepa l menor duda!.

"

Resultados = determinación + perseverancia + acciones masivas imperfectas

#yoapuestoami
@darilynaquino

22 Cuando llegues, compártelo

Sí, me refiero al éxito.

El momento en que lo alcanzas, es el momento de no ser egoísta y de tener presente aquellos que te ayudaron a llegar ahí.

Es momento de ser humilde y reconocer a los que de alguna forma te brindaron su apoyo o su consejo.

Pero también es momento de compartirlo con la sociedad. No importa si tienes mucho dinero o poco, compártelo.

Si es poco, dona una cantidad pequeña, colabora con entidades con fines sociales, sin ánimos de lucro, ofrécete como voluntario, ofrece tus conocimientos ya sea con charlas, talleres, etc.

Mucho antes de tener éxito con www.darilynaquino.com sabía que quería colaborar con los niños de mi tierra, República Dominicana, ya que creo en la inversión a largo plazo en la infancia de un país y que son el motor de toda nación. Y es por eso que hoy en día si entras a mi web, tengo un apartado que se llama MI LEGADO, donde aporto mi granito de arena para hacerlo realidad.

¿y tú, qué estás haciendo hoy para aportar tu granito de arena?

____

____

"

El éxito compartido se saborea mejor.

#yoapuestoami
@darilynaquino

23 El dinero nunca duerme pero tú sí.

Cuida de tu cuerpo y de tu mente que es tu templo. El cuerpo y el cerebro no pueden funcionar a su máximo nivel si no tienen energía y están descansados. Por lo que es vital que duermas y desconectes.

Cuando estoy en pleno lanzamiento de algún proyecto importante y me siento atascada en alguna parte, lo primero que hago es desconectar mi mente y dormir. Así es, un sueño reparador que reactive mi mente y mi cuerpo con nuevas energías.

Dormir hace que tengas más energía y la energía te hace productivo. Lo que a su vez, te ayuda a hacer dinero. Por lo que a partir de ahora quiero que tus horas de sueños, no sean negociables, que no te duermas en el escritorio o sofá y adquiere el hábito de dormir siempre en tu cama.

No puedes tener energía para todos los días implementar acciones constantes, si estás cansado y con sueño atrasado.

La mayoría de las personas exitosas se levantan temprano, respetan sus horas de sueño, priorizan con deberes del día, hacen ejercicio, toman tiempo para sí mismo (15/30 minutos diarios), comen saludable y leen.

Dormir bien es vital para tener un día productivo al día siguiente ¿Cuánto deberías dormir? Te voy a enumerar algunas personas exitosas y las horas que duermen:

- Jeff Bezos, fundador de Amazon, duerme 8 horas diarias.
- Bill Gates, creador de Microsoft suele dormir 7 horas.
- Barack Obama, suele dormir 6 horas.

Cada persona es un mundo, y yo no soy experta en horarios de sueños, por lo que te recomiendo que lo que tienes que hacer es encontrar la rutina de sueño que sea óptima para ti.

Los hábitos de sueño varían ampliamente, incluso en las personas exitosas.

Menos horas de sueño no garantiza más éxito, y en algunos casos puede hacer lo contrario. Pero dormir más, sin una buena razón, puede ser simplemente pereza.

Para mi funciona mejor dormir 7 horas diarias, en tu caso debes explorar lo que funciona mejor para ti y optimizarlo.

"

El dinero nunca duerme pero tú si debes hacerlo.

#yoapuestoami
@darilynaquino

4 Tu tiempo

¿Sabes cuáles son las horas del día en que tu cerebro está 100% concentrado y es más productivo? Para algunos es la noche, para otros a primera hora de la mañana.

Lo que intento aquí es que seas consciente de que en tiempos específicos al día el cerebro tiene horas que es más ágil, receptivo y productivo, y son las horas que deben ser aprovechadas al máximo por ti.

Hoy en día distraerse es muy fácil, teléfono, televisión, internet, la calle, etc... El día tiene muchas horas, así que para obtener lo mejor de ti, es necesario que trates de focalizar tu tiempo y tus esfuerzos en esas horas que te sientes rebosando de energía, concentrado y que puedes aprovechar.

Ahora, olvídate de las distracciones y responde sinceramente lo siguiente:

¿Cuáles son las horas del día en que te sientes con mayor vitalidad y energía?

____

¿Qué día de esta semana te has sentido que ha finalizado tu día y no has aprovechado el tiempo?

____

Lamentablemente, ese tiempo desaprovechado no volverá. Lo que puedes hacer ahora es a partir de ese momento, trabajar en esas ideas/proyectos o transformación en tu vida en las horas que de verdad concentras tu energía, eres ágil y productivo.

¿Sabes por qué? Porque solo tú diseñas tu vida.

"

Ha llegado el tiempo de hacer que las cosas sucedan en mi vida.

#yoapuestoami
@darilynaquino

25 Un sabelotodo

NO LO SABES TODO. Yo tampoco lo sé todo, pero eso nos hace humanos y nos obliga a que necesitemos a los demás.

No eres un Dios, no tienes el conocimiento absoluto y las respuestas a todo.

Es por ello que en el camino al éxito es recomendable que te rodees de personas que ya están en el destino hacia el que quieres llegar. Para que cuando te surjan dudas o inquietudes, te sirvan de guía, o en su defecto te digan a quién puedes acudir.

Este es uno de los detonadores del éxito, rodearte de gente que ya está en el lugar donde quieres estar.

Si te rodeas de gente fracasada y negativa, en eso te convertirás con el transcurso del tiempo. Así de sencillo.

Por rodearte con gente exitosa no significa que tú también lo serás, pero lo que si te puedo garantizar es que las probabilidades de que lo seas serán mayores que si te rodeas de gente fracasada.

Detente un momento y escribe los nombres de las 5 personas de tu círculo intimo y las cualidades positivas que tienen cada una de estas personas. Después, de lo que escribiste elige las cualidades que te gustaría tener y que te pueden servir para alcanzar tus metas.

Si al responder este punto te das cuenta que alguna de estas pe
sonas tienen cualidades más negativas que positivas, que en luga
de sumar te restan, y que no te aportan nada hacia el camino e
que te diriges, es hora de expandir tu círculo.

"

Si no te suman y aportan nada en tu camino, es hora de buscar otra tripulación.

#yoapuestoami
@darilynaquino

26 Que no se quede en ideas

A estas alturas del libro te habrás dado cuenta que el éxito pas
por determinar objetivos específicos y tomar acciones masivas im
perfectas.

Pero entre estos dos puntos, se encuentra en medio, el paso d
la teoría a la práctica. Y aquí es que muchos cometen el error, d
quedarse solo en lo plasmado en el papel, de anunciar lo que va
a hacer y quedarse ahí, en punto muerto.

Todos los objetivos que te has planteado para transformar tu vid
hasta este punto del libro, de momento, son solo eso objetivos
metas, sueños, ideas. Ahora toca lo más difícil y lo que más perez
cuesta, pasar de la motivación a la acción.

Aquí es que se separan las aguas, y los decididos de verdad eje
cutan y los demás son simple espectadores. ¿De qué lado vas
estar?

Del lado del iluso, que anuncia lo que va a hacer, pero nunca eje
cuta, o del lado del ejecutador con resultados.

A continuación, escribe tus objetivos y la acción inmediata qu
puedes tomar para dar el primer paso. Ojo, las acciones no tiene
que ser perfectas ni grandes, pero paso a paso llegarás a tu des
tino.

Objetivos	Acción inmediata

"

No anuncies, haz.
Celebra lo que ya ha sucedido,
con hechos, con realidades.

#yoapuestoami
@darilynaquino

27 No puedes con todo

De seguro te llamará bastante la atención de que en un libro c motivación y principios sobre el éxito, ahora yo te diga que No pue des con todo.

No te sorprendas, pero es la pura realidad.

Para poder ser productivo en tu día, y enfocarte en las accione que te darán resultados, que te acercaran un paso más a tus obje tivos tienes que aprender a delegar.

Al inicio es difícil, y más si económicamente no es posible. Pe mientras vayas avanzando te darás cuenta de que debes aprend a delegar y focalizar tu energía y tu tiempo en lo que de verdad ere bueno, en lo que te situará un peldaño más cerca a la meta final.

Yo me creía la mujer maravilla cuando comencé a emprender onl ne, hacía desde página web, edición de videos, creación de curso en fin, todo desde el detalle más mínimo, pasaba por mis manc Hasta que me percaté que iba a paso de tortuga, y al final del d no había avanzado en lo que de verdad me daba resultados, en r zona de genialidad, en lo que de verdad yo soy buena.

En el momento que pude y comencé a delegar, todo cambió. M productividad se disparó por las nubes, no me sentía que estab todo el día apagando fuegos y mis objetivos eran realidades pa pables.

No es que no puedas con todo, es que no deberías hacerlo toc porque no lo sabes todo. Y punto.

Salvo en las grandes decisiones personales, siempre necesitamc algo de alguien. Unidos, con otras personas que complemente nuestras debilidades, conseguimos mucho más que separados.

A continuación escribe cuáles son los puntos en los que consideras necesitas apoyo, ayuda o deberías delegar si pudieras.

____

____

____

"

No es que no puedas con todo,
es que no deberías hacerlo todo,
porque no lo sabes todo .

#yoapuestoami
@darilynaquino

28 Hoy eres el resultado de...

... tus decisiones pasadas.

¿Hoy te lamentas de no haber aprovechado aquella oportunidad que se te presentó? ¿De haber tomado ese trabajo que te ofrecieron? ¿De no haber salido con ese chico que te invitó? ¿De no haber estudiado eso que tanto te apasiona? ¿Te arrepientes de decisiones pasadas? No es hora de lamentaciones, aprende de tus errores y pasa página. Es hora de seguir adelante.

Aunque hoy seas el resultado de tus decisiones pasadas, tienes una nueva oportunidad. La oportunidad de hoy crear tu futuro y vivir el presente en armonía.

Cuando estás enfocado en conseguir un objetivo en el futuro, te olvidas de vivir el presente y de estar presente.

No te olvides de vivir el presente, estando presente. Sí lo sé, vuelve a leer la frase anterior, porque es vital para sentirte vivo y en armonía.

Tu futuro lo creas hoy con cada paso que das, con cada decisión que tomas.

Un ejercicio mental que hago todos los días cuando me voy a dormir es repasar mentalmente los pasos que he dado ese día, o la acción que he tomado y que me acercará un paso más a mis objetivos.

Con este ejercicio, intento que cada paso que doy tenga una intención final.

Es mejor dar un paso al día consciente, que son 7 pasos a la semana y 365 pasos al año. Esos 365 pasos conscientes al año, de seguro te ayudarán a lograr lo que sea que te propongas.

A continuación escribe qué acción, paso o decisión tomaste en el día de ayer que consideras te acerca a tus objetivos. En caso de

que te quedes en blanco porque no tomaste ninguno, escribe u
paso que tomarás hoy y que te acercará un peldaño más a tus me
tas.

___

___

___

"

Ejecuta consciente 1 acción al día, que serán 7 acciones a la semana y 365 acciones al año. De seguro que lograrás lo que te propones.

#yoapuestoami
@darilynaquino

29 Tus esperanzas dormidas

Ahora con los ojos cerrados, concéntrate un minuto y visualízate con una meta ya conseguida. Imagínate viviéndola, cómo te sentirías, con quién compartirías ese momento, qué harías ...

Por favor, hazlo como mínimo durante un minuto.

Con ese ejercicio, le has dado una orden a tu cerebro de concentración y has puesto tu intención en ello.

Mientras no pongas tu intención en lo que sea que quieras lograr tus sueños serán sólo esperanzas dormidas.

La clave radica en la INTENCIÓN + ACCIÓN = OBJETIVOS CONSEGUIDOS.

Debes centrar tu intención y acciones en un punto, acompañado del esfuerzo y de la perseverancia.

Probablemente digas que para ti no hay oportunidades, pero la realidad es que si quieres pescar, tienes que ir donde encuentres peces.

Si la oportunidad no llega a ti, créala o búscala, pero no te sientes a esperar que toque tu puerta y te diga "*hey, aquí estoy y vine por ti*"

No te voy a mentir, esto demandará de tu esfuerzo, y mucho, pero te garantizo que al final valdrá la pena.

¿Cuáles son tus esperanzas dormidas? En este punto de tu vida ¿Qué imaginabas que ibas a conseguir y no has logrado?

____

____

____

____

¿Qué vas a hacer a partir de hoy para hacerlo realidad?

“

Mientras no pongas tu intención en lo que sea que quieras lograr, tus sueños serán sólo esperanzas dormidas.

#yoapuestoami
@darilynaquino

30 No seas un seguidor

Seguir la multitud, la corriente o al rebaño es fácil. Es dejarse llevar y no tener que pensar.

¿Cuándo has visto a un líder siguiendo la pasividad de la corriente? Nunca.

Debido al auge de las redes sociales, hoy en día es más fácil que nunca convertirte en un seguidor y no en un líder.

Es más fácil adoptar la voz de otros e imitar lo que está de moda.

Sé un líder, pero un líder carismático. ¿Y cómo lo haces? Haciendo que los demás se identifiquen contigo a través de tu historia.

Gracias a tu historia, puedes crear un movimiento de personas, que no solo te sigan sino que expandan tu movimiento a otras fronteras.

Los movimientos de personas que triunfan son los que han sabido justificar una respuesta a una promesa de una nueva oportunidad.

Cuando tu nueva oportunidad realmente interesa y eres capaz de establecer esa confianza, un mundo de posibilidades se abre ante ti.

Ahora te toca tomar acción:

¿Cuáles crees que son tus 5 factores personales que pueden hacer que otros crean en ti?

1.
2.
3.
4.
5.

Si tus respuestas anteriores las estuvieran leyendo otras persona
¿crees que podrían tener motivos suficientes para creer en ti y apo
yarte?

____

____

"

Los líderes no crean seguidores, crean más líderes.

#yoapuestoami
@darilynaquino

31 Tu marca eres tú

Aunque lo creas o no, diariamente estás creando tu marca personal, ya sea a consciencia o no.

Todo lo que haces comunica, por lo que tienes que tener cuidado que lo que haces comunique coherencia en todos los sitios.

Cuando dejas un comentario en un video de youtube, cuando le das a repost a alguna foto, cuando opinas públicamente sobre algún tema, todo esto forma parte de tu marca personal.

Es hora de que la creas a conciencia y le saques provecho.

¿Y cómo lo puedes lograr? Aquí unos consejos:

— Siendo tú mismo, siendo auténtico y real.

— Exponiendo al público aquello que te hace único e inigualable

— Elige un micronicho.

— Lo que comunicas online debe ser coherente con lo que haces en cada sitio offline.

— Aporta valor, ya sea a través de tus experiencias, contenidos, presentaciones, etc...

— Toma acciones masivas, experimenta, corrige y sigue ejecutando.

— Olvídate de los cínicos, siempre habrá personas que se aburren con sus vidas. No merecen tu tiempo.

— Tu marca no es para todo el mundo. Enfócate en tu micronicho

— Aprovecha el poder de las redes sociales, pero enfócate en aquellas que puedas dirigirte a tu audiencia.

— Pregúntate: ¿Qué quiero lograr? Y ¿Hacia dónde quiero llegar?

Una marca personal no se crea de la noche a la mañana, tienes que tener paciencia y ser constante y coherente en todo momento. Tu marca la construyes paso a paso, estando en movimiento constante y evolucionando en el camino.

Tu marca no es un logo, o una tarjeta de presentación, eres tú, tu día a día, el conjunto de valores que representas y muestras al mundo.

Una vez lo tengas claro, tienes que potenciarla al máximo y hoy en día gracias a las redes sociales es menos costoso, más fácil y puedes llegar más rápido a tu audiencia.

Posteriormente te tocará pasar a la fase de monetización. ¿Cómo quieres monetizar tu marca personal?

- Conferencias y charlas
- Formación: tus propios cursos o impartir formación a grupos de estudiantes o profesionales
- Libros
- Venta de infoproductos
- Acuerdos con marcas.
- Venta de servicios profesionales
- Marketing de afiliación
- Patrocinios.

Intenta sacar el mayor partido a cada punto de tu persona, eres el mejor vocero que puedas contratar y debes crear tu marca personal a conciencia.

"La marca personal es la huella que dejas cuando te vas de un lugar.

#yoapuestoami
@darilynaquino

32 Enjoy

7:30 de la mañana, mi hora preferida para escribir. Mi taza de café con leche caliente en pleno invierno y afuera llueve. Escucho como cae la lluvia y me siento más inspirada que nunca. Me dirijo a mi mesa de escribir, miro a mi alrededor y comienzo a escribir sin parar. Escribo, escribo y escribo y pasan las horas, pero no he caído en cuenta de que es sábado, día para disfrutar de mi hijo y de mi esposo a tiempo completo.

Es uno de mis puntos débiles, cuando me siento inspirada y concentrada me olvido del mundo y me enfoco en el futuro. ¡Ahí lo tienes, ya lo dije, que bien se siente!

Si te suele pasar, que por estar enfocado en tus metas, no disfrutas el presente, bienvenido a mi mundo. Pero seamos realistas, no está bien.

Hay que disfrutar del camino, ENJOY mi querido lector. La vida es corta y si es verdad que tener metas nos hace sentirnos vivos, sentirnos humanos, con un propósito, que nacimos para hacer grandes cosas, en el trayecto no te olvides de disfrutar el paisaje, de ser agradecido por lo que ya tienes y vívelo.

Ahora te voy a plantear una situación un poco drástica, imagina que por lo que sea mañana mueres. ¿Sientes que has disfrutado tu vida a día de hoy? ¿Sientes que las ha vivido a conciencia y siendo agradecido por lo que ya tienes? Responde a continuación:

___

___

Estás vivo, aquí y ahora,
disfruta de la vida y sonríe.
Este momento no
lo volverás a repetir.

#yoapuestoami
@darilynaquino

3 Imposiciones de terceros

Tu voz interior, muchas veces se ve callada por las voces de terceros. Los demás, sobre todo tu círculo cercano suelen tener influencia en tus decisiones, cuando les permites que así sea.

Es hora de que tu intuición tenga prioridad absoluta sobre imposiciones de criterios de terceras personas.

Cuando alguien limita tu forma, te quiere por lo que espera que seas, no por lo que de verdad eres.

El ser humano tiende a reflejar sus deseos, sus faltas y criterios en los demás. Y sucede, si tú permites que así sea.

La clave del fracaso está en intentar complacer a todo el mundo, así que ya lo sabes.

Sé tú y aunque te equivoques, guíate por tu intuición, por tu voz interior.

Sé que es difícil dejar de lado los criterios de personas importantes en tu vida, yo lo he vivido. Pero imagínate que esas voces van en contra de lo que tú de verdad quieres, de tus sueños, de tus metas ¿qué harás?

A mí me ha sucedido y en esta situación me pongo en la tesitura de que si no le hago caso a mi voz interior, mi yo futuro, la **Darilyn Aquino** de 80 años, lo más probable se arrepentirá de ni siquiera haberlo intentado, de haber escuchado lo que mi voz interior me decía.

¿Qué es lo peor que te puede suceder si no escuchas tu voz interior? ¡que fracases! Es parte de la vida, somos humanos, fracasamos y seguimos.

Yo no quiero que la Darilyn de 80 años se arrepienta de no haberlo intentado ¿y tú?

"

Esta es tu vida.
Haz que cada minuto cuente.

#yoapuestoami
@darilynaquino

4 Utiliza lo que tienes

¿Quieres cambios en tu vida pero quieres esperar a tener "x" para poder hacerlos? Grave error. Utiliza lo que tienes ahora, trabaja con los recursos con los que ya dispones.

Postergar te lleva a procrastinar, lo que a su vez se le suma la pereza que llega cuando postergas.

Actúa, utiliza lo que tienes a mano ahora mismo y busca la manera de hacerlo posible.

Cuando grabé mi primer video para redes sociales, recuerdo que quería que fuera lo más perfecto posible, en un estudio profesional, con cámaras y equipo profesional, ropa nueva, luces y que tuviera efectos. Pero la realidad es que en ese momento era imposible costearme ese gasto. Así que comencé con lo que tenía, un teléfono móvil normal con una cámara que me ayudó a grabar mi primer video y sentada en un pequeño escritorio en una habitación lo grabé.

Lo sorprendente de todo es que en ese momento me sentía mal porque mi idea era lanzar mis videos de modo más profesional, sin embargo los costes que esto tenía no me eran asequibles en ese momento. Pero lo que no me esperaba es que cuando económicamente pude grabar mis videos de forma más profesional, con un equipo técnico, en un estudio, con efectos y tal y como lo había imaginado, las reproducciones e impacto de estos videos fueron considerablemente menores que mis videos caseros.

Así que volví a grabar mis videos en espacios abiertos, sin efectos extraños y siendo yo.

En su momento, trabajé con lo que tenía a mano, dio resultado y cuando quise trabajar con lo que pensaba era lo ideal, a mi audiencia le gustó ver algo más natural y menos elaborado.

Por lo que si ahora piensas que para dar ese primer paso necesita otras herramientas, equipos, etc... comienza con lo que tengas, o los primeros pasos y genera resultados.

Ahora te toca tomar acción:

A continuación responde: ¿Cuáles recursos, herramientas, equip humano, etc..., consideras que necesitas para hacer realidad la metas que te has propuesta con este libro?

____

____

____

Ahora escribe ¿con cuáles de estos recursos, herramientas, etc ya cuentas ahora y que puedes tomar acción sin tener que poste garlo?

____

____

____

"

Actúa, utiliza lo que tienes a mano ahora y busca la manera de hacerlo posible.

#yoapuestoami
@darilynaquino

35 Cuéntale al mundo lo que vales

Ya puedes tener el mejor plan de acción del mundo que si no l
expones, lo materializas y das a conocer a los demás, no vale nad

Si tienes una idea, es hora de comunicarla. 15 años atrás, el boca
boca, el networking, los eventos presenciales, la publicidad impre
sa, eran las formas de hacerlo posible.

Sin embargo, hoy en día es más rápido y económico gracias a la
redes sociales y al poder de internet. Ya que con pequeñas inve
siones en publicidad puedes obtener visibilidad y llegar a much
gente.

Si utilizas las redes sociales con cabeza te harán ganar dinero.

Utiliza el miedo a hablar de tu idea, como impulsor y preséntala
mundo.

Debes saber comunicar, en qué consiste tu idea, tu proyecto, qu
aportas y en qué eres diferente al resto.

Ahora te toca tomar acción:

Diseña tu propia estrategia respondiendo a las siguientes pregun
tas:

¿Qué quieres transmitir?

____

¿Cómo vas a conseguir eso que quieres transmitir?

____

¿Cuáles redes sociales utilizarás para transmitir tu idea?

____

¿Cuánto tiempo al día/semana le vas a meter de trabajo?

____

Una vez hayas empezado, sé meticuloso con el análisis de resultados. Quizás debas modificar algunos puntos, no te preocupes es parte del proceso.

"

Cuéntale al mundo lo que vales. Que tu Madre no sea la única que hable de tu idea.

#yoapuestoami
@darilynaquino

36 Sé feliz con lo que haces ahora

Recuerdo cuando nació www.darilynaquino.com desde el minuto 1, lo único que perseguía era hacer algo que me apasionaba, con lo que me sentiría verdaderamente feliz y disfrutaría. Y es algo que a día de hoy no quiero olvidar y forma parte vital en todo lo que hago, en mi día a día.

Me lancé al mundo del emprendimiento online porque quería tener tiempo de calidad con los míos, ser feliz conmigo y con ellos, impactando vidas, comenzando con la mía.

No quería dormirme los domingos pensando en la angustia de comenzar el lunes y que me diera estrés el solo pensar en lo que me esperaba esa semana de trabajo.

Aún me queda mucho camino, no creas que he conseguido todo ya que es algo que lleva su tiempo. Pero de momento, voy por buen camino.

Creo firmemente que cuando haces algo que te llena, eso se nota, se siente y los demás lo perciben.

Y con este libro trato de contagiarte esas ganas, ese entusiasmo de proponerte metas que te harán feliz y conseguirlo.

Sé feliz aunque sea por ratitos, pero haz que valgan la pena esos ratitos inolvidables.

Propaga en los demás tu energía, tus ideas, tus ganas.

Que no te limiten pensamientos externos, olvídate de los haters, de los cínicos, y sigue hacia adelante.

Que tus metas sean una realidad, dependen de ti y solo de ti.

"

Haz que cada minuto de tu vida cuenten, para que cuando te vayas de este mundo hayas aportado tu granito de arena y sobre todo puedas morir habiendo sido feliz, aunque sea por ratitos.

#yoapuestoami
@darilynaquino

37 Adiós monotonía

Con 23 años decidí salir de mi zona de confort, de ser la niña de mamá y papá y dejé mi tierra natal República Dominicana para venir a Madrid a hacer un Master.

Fue la decisión más difícil que he tomado en toda mi vida porque significaba dejar la comodidad, la monotonía y la seguridad que tenía en mi país.

Cuando terminé el Master y me ofrecieron trabajo donde hice las prácticas, muchos dijeron que estaba loca, que por qué no volvía a la comodidad y seguridad que tenía en Santo Domingo, que estaba loca por quedarme en Madrid compartiendo apartamento con desconocidos, lejos de mis seres queridos, usando transporte público cuando en dominicana tenía mi propia carro, que si me enfermaba estaba sola, en fin... decidí asumir un riesgo para poder crecer no sólo como profesional sino como persona.

En la zona de confort, en la seguridad no se sufre pero tampoco se crece.

Yo preferí crecer, evolucionar y diseñar mi propio camino.

Hoy en día cuando pienso en emprender alguna nueva aventura en mi vida y en los riesgos que conlleva, pienso en cómo he evolucionado en Madrid y he diseñado yo misma, sin ayuda de nadie, mi propio camino aquí.

Piensa en positivo sobre asumir riesgos y salir de la monotonía.

Ahora te toca tomar acción:

Escribe tu respuesta sincera a las siguientes preguntas y agita tu mundo.

¿Estás dispuesto a salir de tu zona de confort y asumir riesgos para lograr tus metas?

___

¿Cuáles riesgos consideras debes asumir para alcanzar tus objetivos?

___

"

El peor de todos los riesgos es el de no asumir ninguno y quedarte en tu zona de confort.

#yoapuestoami
@darilynaquino

38 ¿Y por qué no yo?

Cuando decidí escribir mi primer libro "El Libro De Los Negocic Rentables" tenía muchas dudas en mi cabeza de sí hacerlo o no. Te nía en mi cabeza la inquietud de compartir todos los conocimiento y experiencias sobre el tema, pero escuchaba una vocecita que m decía ¿por qué tú no?.

Esa voz interior la escuchaba cada vez más y más fuerte mientra pasaba el tiempo. Cada vez que leía un nuevo libro, la voz me decí si para este autor que acabas de leer ha sido posible ¿por qué par ti no?

Así que asumí el riesgo, salí de mi zona de confort y escuché es voz interior que cada vez me decía lo mismo con mayor ímpetu.

Te puede estar sucediendo algo similar, que tienes esa inquietu de hacer algo, que tu voz interior te anima, te aconseja y que ve que es posible para otros. Pero tienes miedo de salir de tu zona d seguridad y exponerte al mundo.

Probablemente ya estas familiarizado con la historia de Roger Ban nister, quien fue el primer hombre en la historia capaz de recorre una milla (1609 metros) en menos de 4 minutos.

Antes que él lo hiciera, todo el mundo pensaba que era imposibl pero Roger Bannister demostró que no era así y desde entonce ya muchos han logrado hacer lo mismo, porque han visto que par Roger Bannister fue posible y para ellos también puede serlo.

Quédate con esta historia y cuando te fijes un objetivo, piensa e que si es posible para otros también lo es para ti. No eres meno que esa persona que lo ha logrado, todo comienza en tu mentali dad y continúa con tus acciones.

Ejecuta acciones constantes, inténtalo, obtén resultados y ve mo dificando o adaptando conforme a ellos.

Ahora te toca tomar acción:

De las metas que te has propuesto con este libro, escribe a 3 personas para las cuales ya es una realidad y han conseguido hacerlo posible.

1.
2.
3.

¿Cuáles características en común tienen estas 3 personas?

___

___

___

¿Cuáles pasos y recursos utilizaron estas 3 personas para hacer su objetivo una realidad?

___

___

___

¿Qué puedes hacer tú para emular los pasos de estas 3 personas en relación a la meta que te has planteado?

___

___

___

"

No apago la luz de nadie, para encender la mía.

#yoapuestoami
@darilynaquino

39 Cre-cimiento

Tienes que intentar estar en constante evolución y crecimiento. Crecer en base a unos fuertes cimientos. Crear una base a prueba de retos.

Los desafíos aparentemente imposibles son simplemente oportunidades de crecimiento inteligentemente disimulados.

Si llevas a cabo esos desafíos y, al resolverlos creces, te encontrarás continuamente moviéndote en la dirección correcta.

Para crecer tienes que ser proactivo y vencer la pereza. Pero lo más importante, es que para crecer debes de abandonar el victimismo.

Ahora seguro dirás ¿víctima yo? Sí, te voy a poner ejemplos.

Nos quejamos de nuestros jefes, de nuestro trabajo, de los hombres, de las mujeres, de la vida que tenemos, del gobierno, del pasado, de nuestras relaciones...pero ¿acaso te responsabilizas de que eres tú que los has elegido?

Ahora te toca tomar acción:

Responde sinceramente a las siguientes preguntas. Te recuerdo que solo tú leerás lo que escribes.

¿Culpas a los demás de lo que sale mal en tu vida?

___

¿Alguna vez te has sentado para hacer autocrítica?

___

¿Utilizas a menudo expresiones como: "Tengo que... " , "No puedo.....", "Siempre me pasa.."?

___

Al responder estas preguntas te darás cuenta de si utilizas o no e
victimismo para escudarte en no tomar las riendas de tu vida y con
seguir tus objetivos. Y sobre todo, de que ha llegado el moment
de crecer.

"

Quien no sabe bailar,
Le echa culpa al suelo.

(ORSON WELLES)

#yoapuestoami
@darilynaquino

40 Decláralo

Aquí y ahora declara en voz alta con fé, con fuerzas, con todas tu ganas lo que te propones lograr. Ya sea para transformar tu vid personal o laboral. Escríbelo con la certeza de que lo conseguirá de que tomarás acciones constantes masivas e imperfectas, d que no esperarás por aprobación de terceros para materializarla de que es posible para ti también.

____

____

____

____

____

____

____

____

____

____

Después de escribirlo y leerlo en voz alta, visualízate con la met lograda. Siente las emociones que sentirías si tu meta ahora mism fuese una realidad. Quédate con ese sentimiento, con esas vibra ciones y suéltalas, ponlas en mano de algo más grande que tú, e lo que sea que creas y toma acciones en base a ellas.

Quiero que leas una vez más en voz alta el manifiesto que leíste a principio de este libro y ya con los conocimientos que adquirist aquí hagas el siguiente compromiso contigo mismo:

ɔ ______________________ (tu nombre completo):

— Diseño mi propio destino.

— Creo mi propia suerte.

— Tomo acciones constantes, masivas e imperfectas.

— Sobresalgo siendo auténtico.

— Soy persistente y perseverante.

— Cambio el mundo, dejando un legado mientras construyo mi imperio.

'orque #YOAPUESTOAMI

Da el primer paso con fé.
No tienes por qué ver toda la escalera.
Basta con que subas el primer peldaño.

(MARTIN LUTHER KING)

#yoapuestoami
@darilynaquino

SOBRE LA AUTORA

DARILYN AQUINO (República Dominicana, 1983), madre, abogada, autora de EL Libro De Los Negocios Rentables, speaker, podcaster de El Pod-ast Yo Apuesto A Mi y emprendedora online.

Viviendo en Madrid desde 2007. Criada por 2 fantásticos padres (Teresa Máximo), casada con Sergio y madre de Olivier Máximo. Una persona ormal. No soy una "gurú", ni vendedora de sueños imposibles.

Solo soy una trabajadora incansable, adicta a encontrar soluciones a los problemas de personas que no son capaces de creer en sí mismas y en sus posibilidades, diseñando la vida y el negocio rentable que tanto nhelan y que desean hacerlo con un simple objetivo: cambiar su vida y dejar un legado en el resto del mundo.

Me puedes encontrar en:
Mi Blog: www.DarilynAquino.com
ESCUCHA MI PODCAST: Yo Apuesto A Mi
disponible en Apple Podcast, Stitcher, Google Play).

CONTINÚA APRENDIENDO

CURSO PRÁCTICO DE APLICACIÓN DE ESTE LIBRO

YO APUESTO A MI- EL CURSO ONLINE

Con este curso online lograrás crear abundancia en tu vida con un pla de acción para poner en marcha desde ya, para que logres ser de ti, t mejor inversión.

*Con más de 30 lecciones en video

*Bonus incluídos:

— Cuaderno de trabajo

— Workbook: Cómo superar el miedo

— Workbook: Cómo lograr tus metas más difíciles sin perder tiemp ni dinero.

Accede de inmediato inscribiéndote en:
www.yoapuestoami.com/elcurso

CONTINÚA APRENDIENDO

Adquiere tu copia de El libro de **DARILYN AQUINO**

Visita:

http://www.darilynaquino.com/el-libro-de-los-negocios-rentables/

El Libro De Los Negocios Rentables
Encuentra la idea de negocio ganadora y crea tu plan B

¿Y si pudieras encontrar tu idea de negocio, validarla y descubrir cómo ponerla en marcha?

Eso es justo lo que voy a enseñarte a hacer con El Libro de los Negocios Rentables.

Un libro directo que te ayudará a dar el primer paso hacia ese plan B con el que llevas soñando meses o años. Deja que te muestre cómo dejar de soñar... ¡y comenzar a actuar!

Si lees El Libro de los Negocios Rentables te prometo:

1. Una idea rentable que podrá pagar tus facturas.
2. Información realista y aplicable
3. Cero Tecnicismo: No importa si has emprendido antes, si nunca has leído sobre el tema o si ya tienes experiencia.

Todo lo que recibes al comprar El Libro de los Negocios Rentables:

1. **El Libro de los Negocios Rentables**

   Libro en formato PDF con el sistema paso a paso que te mostrará cómo encontrar la mejor idea de negocio, validarla y ponerla en marcha a través de contenido práctico y real.

2. **La Hoja de Trabajo: Descubriendo tu idea de negocio**

   Hoja de trabajo a utilizar mientras lees el libro con el objetivo de encontrar esa idea que encaje con tus habilidades, conocimientos pasiones y experiencias. Será como tu pequeña "tarea" a hacer durante la lectura del libro.

3. **El cuestionario del éxito**

   Cuestionario que debes hacer tras la lectura del libro para saber cuál será tu probabilidad de éxito como emprendedor. Más allá de la idea, es importante que descubras dentro de ti qué es lo que te frena a la hora de emprender y cuáles son tus puntos fuertes.

4. **Audio Guía: ¿Es viable mi idea de negocio?**

   Audio guía dedicada a resolver dudas relacionadas con la viabilidad de tu idea de negocio. Encontrarás técnicas para saber si tu idea tiene posibilidades de pagar tus facturas a largo plazo y de generar ingresos suficientes para vivir la vida que siempre has soñado.

Made in the USA
Middletown, DE
14 May 2021

39645090R00076